I0505617

Schémas d'éclairage
Par Brian Parkin

Note de l'auteur

Se il vous plaît noter que mes diagrammes ont été produits à l'origine en anglais et je étais incapable de les redessiner pour les lecteurs français

Se il vous plaît excuser aussi également les erreurs commises dans la traduction française. Je serais heureux de modifier toutes les erreurs si vous faites le moi savoir d'eux.

Ce est la 2e édition de ce livre électronique. Les seuls changements que je ai faits étaient d'augmenter la taille des images et d'augmenter la taille du texte sous chaque image. Ce était à la suite de la suggestion d'un lecteur que le texte était difficile à lire sur un lecteur électronique. Merci d'avoir pris le temps de lire mon livre et de faire des suggestions d'amélioration.

J'apprécie vos commentaires sur mes contenus de livres électroniques.

Introduction

Duplication configurations d'éclairage de studio pour entreprendre un style de portrait particulier peut être difficile avec la myriade de lumières et les appareils que vous pourriez avoir à utiliser. Décrivant à quelqu'un d'autre est encore plus difficile. La manière réaliste de le faire est d'utiliser des schémas d'éclairage qui simplifient la mise pour vous. Dans ce livre, nous nous pencherons sur les différents styles de portrait et de leurs configurations d'éclairage puis vous fournir un simple schéma d'éclairage pour chaque configuration.

La simple mise en place pour l'éclairage de studio est avec une source de lumière. Le déplacement de la source de lumière autour du sujet produit des résultats différents d'éclairage. Vous pouvez bien sûr également repositionner le sujet ou votre appareil photo. L'intensité de la source lumineuse et la distance de l'objet a un impact sur l'image qui est produite par votre appareil photo. La source de lumière peut être difficile qui peut produire des ombres ou mou avec peu ou pas d'ombres créés. Comme vous augmentez le nombre de sources d'éclairage pour éclairer votre sujet de manières différentes et subtiles, il devient de plus en plus difficile de contrôler la lumière et obtenir le résultat que vous vous efforcez d.

Plusieurs modes d'éclairage standard sont considérés comme agréables et attrayant pour les portraits de studio. Ce sont l'éclairage de la boucle, l'éclairage Rembrandt, éclairage court et large, l'éclairage Split, l'éclairage primordiale ou glamour et profil éclairage.

Reconnaître et créer chacun de ces différents modes d'éclairage peut vous aider à savoir quand et comment les appliquer. Le type de visage que votre sujet a déterminera quel motif l'éclairage leur convient le plus. Certains modèles d'éclairage sont adaptés pour les personnes plus complètes face, tandis que d'autres sont plus adaptés pour les modèles plus maigres. Vous aurez aussi besoin d'être au courant de ce type de portrait est nécessaire et quelle humeur vous essayez d'atteindre.

Outre les modes d'éclairage pour des portraits, il existe différents types de sessions de prise de vue en studio tels que table et la photographie d'animal de compagnie, qui ont leur propre éclairage de studio individuel mis en place. En outre, vous pouvez essayer pour un effet différent comme high key, discret, ou silhouettes. Même à l'extérieur, vous pouvez avoir besoin pour fournir un éclairage de remplissage dans les zones d'ombre en utilisant des réflecteurs ou des boîtes à lumière et des flashs.

Schémas d'éclairage

Lorsque vous pouvez créer la qualité, l'intensité et la direction de la lumière pour chaque type de situation différente, alors vous êtes prêt à entreprendre des séances de photos efficaces dans et hors du studio.

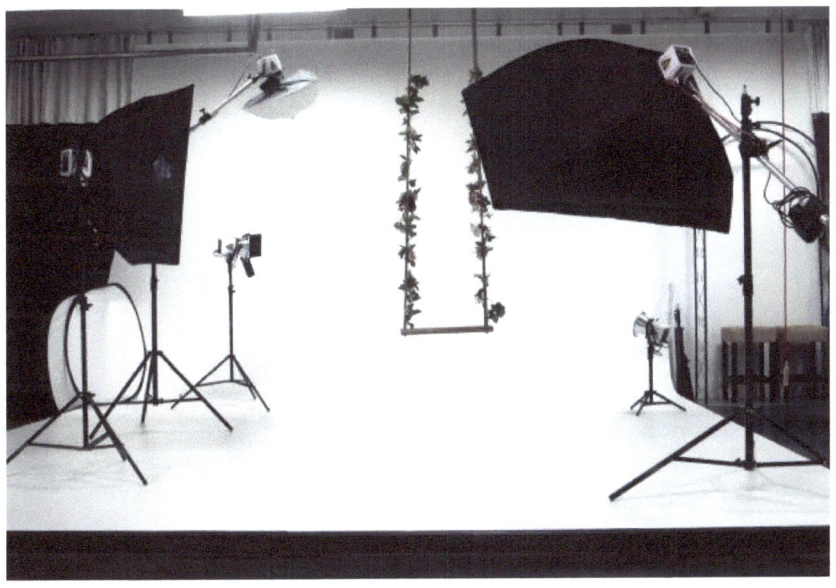

Fig.1 Exemple d'une installation d'éclairage de studio

Configurations d'éclairage

Boucle d'éclairage

Le motif le plus fréquemment utilisé pour l'éclairage de studio est l'éclairage de la boucle, ce qui produit un motif en forme de boucle sous le nez. Il donne une impression de profondeur, alors que dans le même temps se allume plus du visage d'une manière flatteuse. La lumière principale est placée au-dessus de la face un angle compris entre 25 et 60 degrés, soit à droite ou à gauche, dans la même direction le visage du sujet est pointée. Il est populaire parce qu'il est flatteur et facile à configurer.

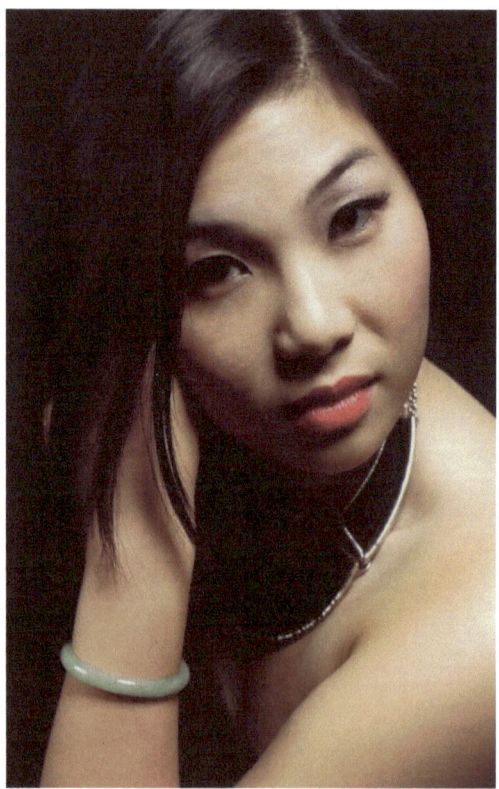

Fig.2 Boucle d'éclairage

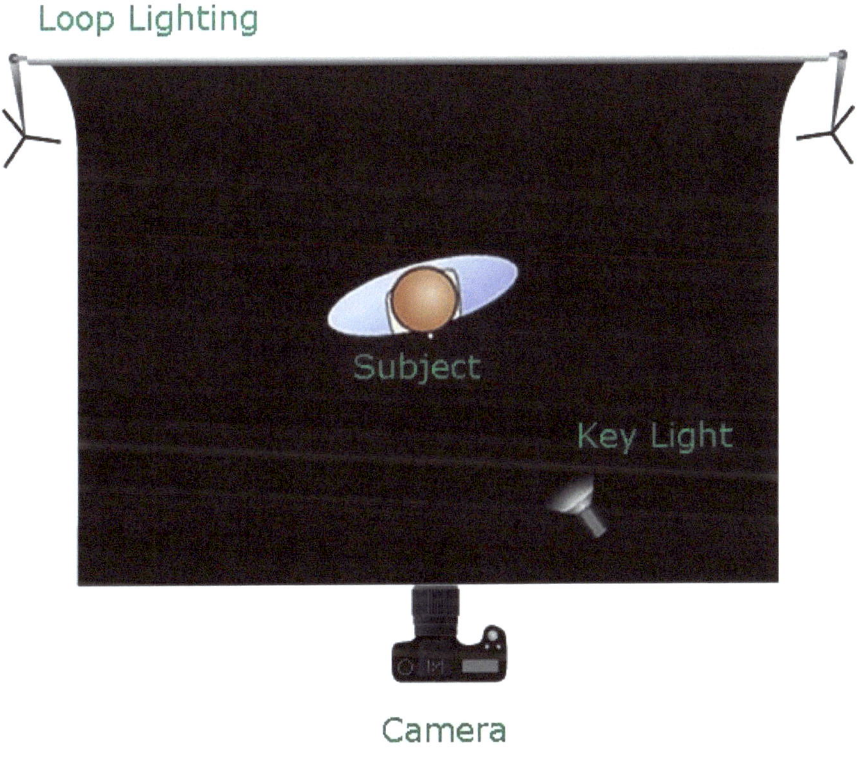

Loop Lighting

Subject

Key Light

Camera

Fig. 3 Configuration d'éclairage Boucle

Profil éclairage

Profil éclairage produit un portrait élégant qui accentue les traits du visage, même si elle n'est pas aussi populaire qu'elle l'était autrefois. Profil éclairage est également appelé éclairage de la jante et il est créé avec la tête de l'objet tourné de 90 degrés loin de l'objectif de la caméra.

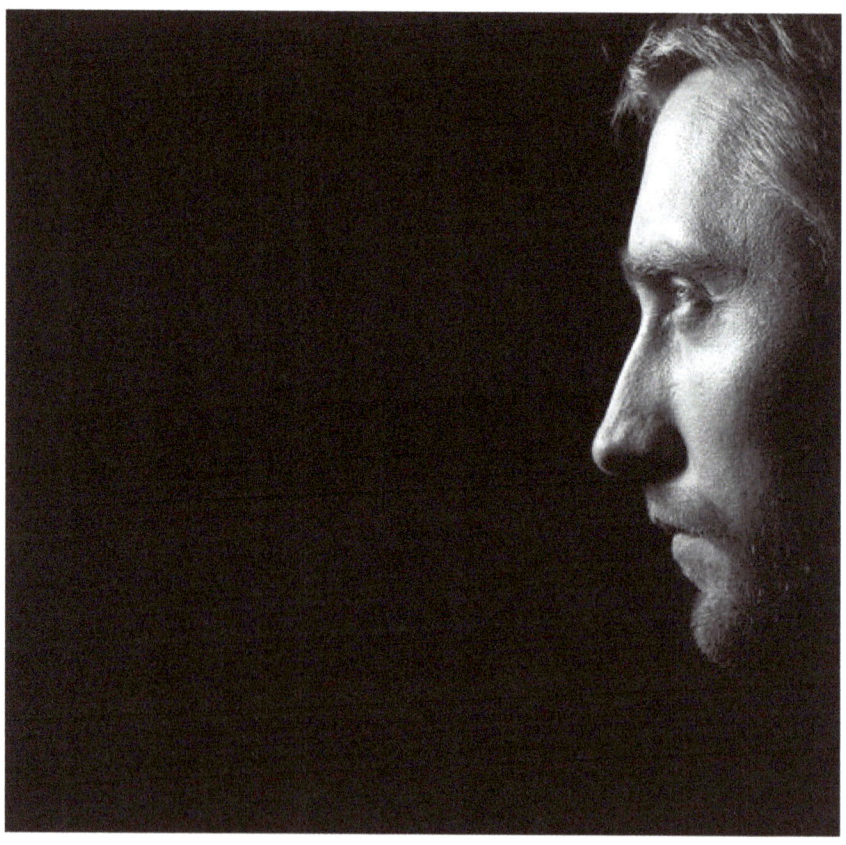

Fig.4 Profil éclairage

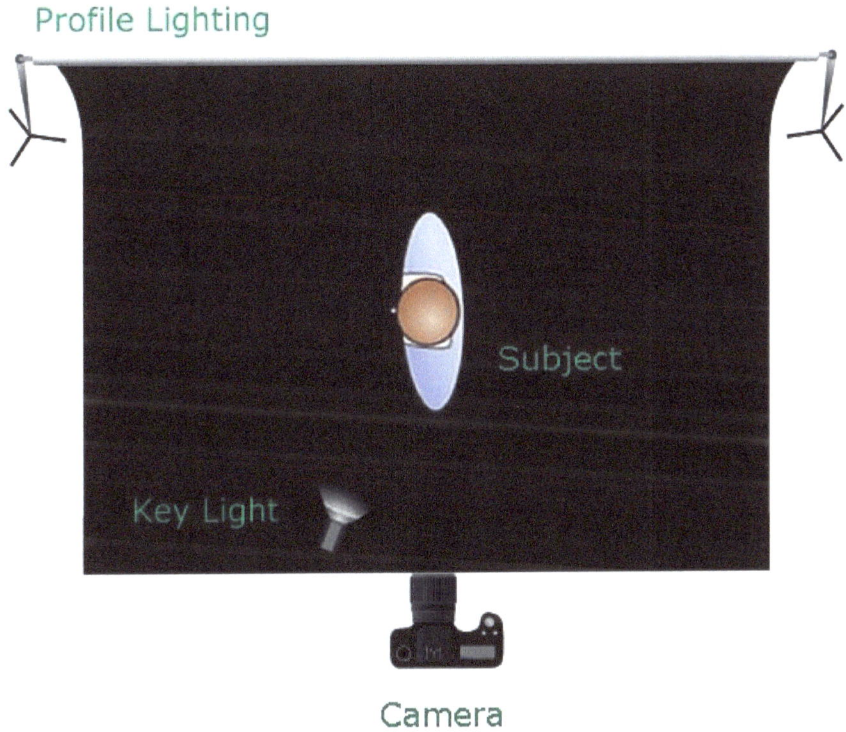

Profile Lighting

Subject

Key Light

Camera

Fig.5 Configuration d'éclairage Profil

Éclairage Rembrandt

Éclairage Rembrandt est nommé d'après le célèbre peintre néerlandais vieux maître. Bien que similaire à l'éclairage de la boucle, la source de lumière est déplacé haut et plus loin sur le côté du visage. Un petit triangle de lumière est créé sous l'œil du côté de l'ombre du visage.

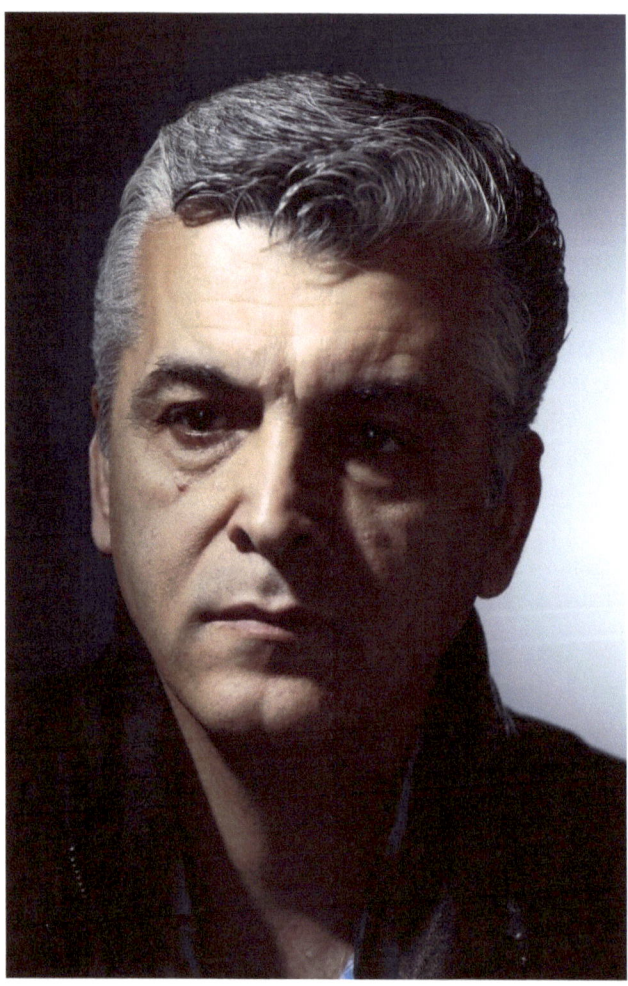

Fig.6 Éclairage Rembrandt

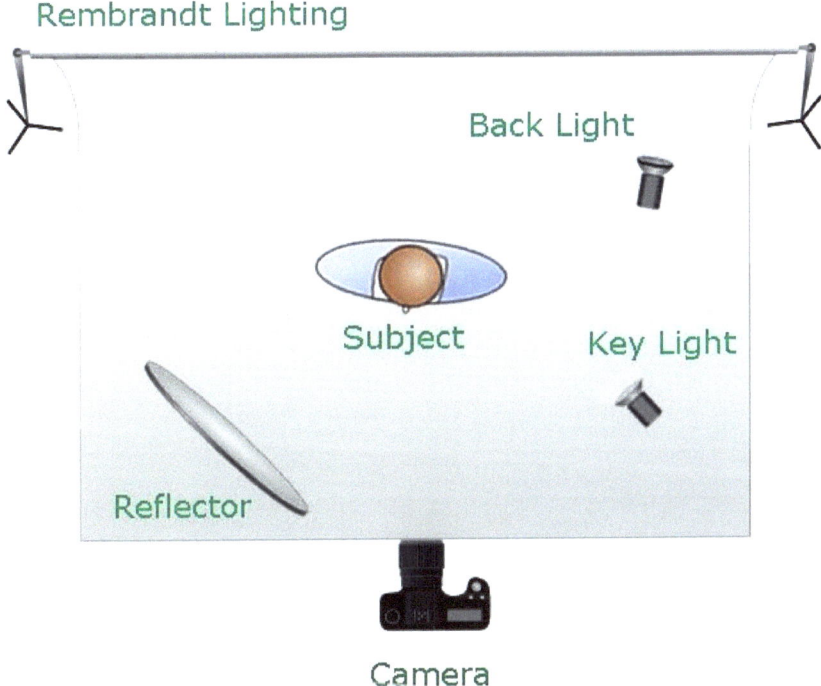

Fig.7 Configuration d'éclairage Rembrandt

Éclairage de Split

Feux d'éclairage de Split, seulement la moitié du visage et est créé en ayant la source d'éclairage situé juste au-dessus du visage d'un côté, dans la direction dans laquelle le sujet fait face. Éclairage Split est utilisé pour affiner le visage en cachant certaines d'entre elles dans l'ombre. Il est mieux utilisé sur des sujets masculins par opposition aux femmes ou les enfants.

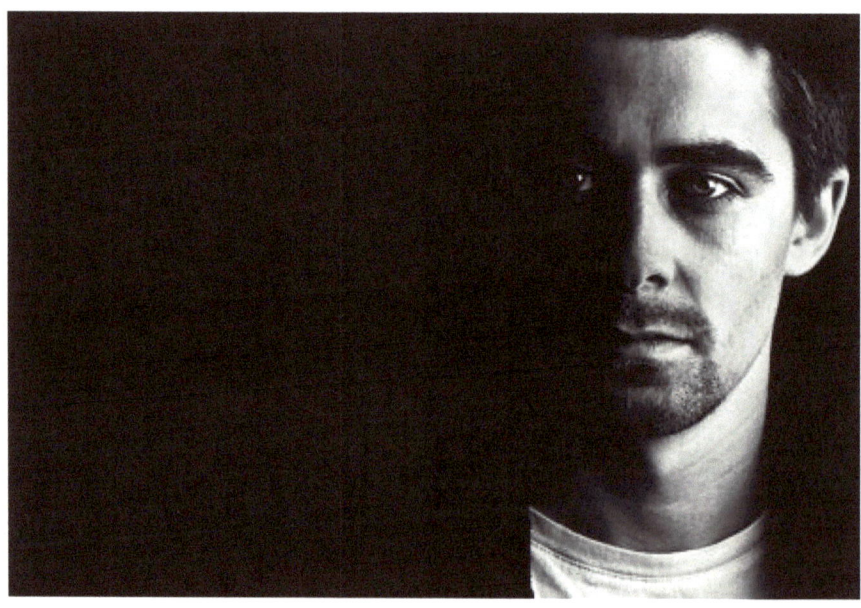

Fig.8 de Split éclairage

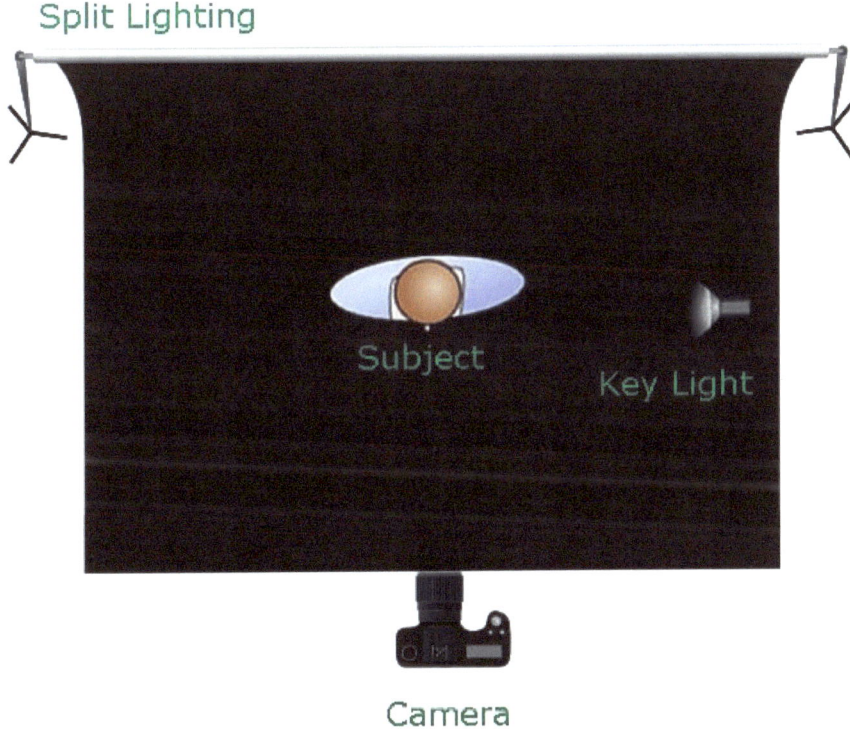

Split Lighting

Subject

Key Light

Camera

Fig.9 Configuration d'éclairage Split

Éclairage Large

Éclairage large n'est pas aussi populaire pour les portraits comme il a tendance à rendre les gens plus gros. Le côté de la face qui est tournée vers la caméra est allumé le plus. Ce style de l'éclairage contribue à réduire l'apparence des rides dans le plus de personnes âgées de vos sujets.

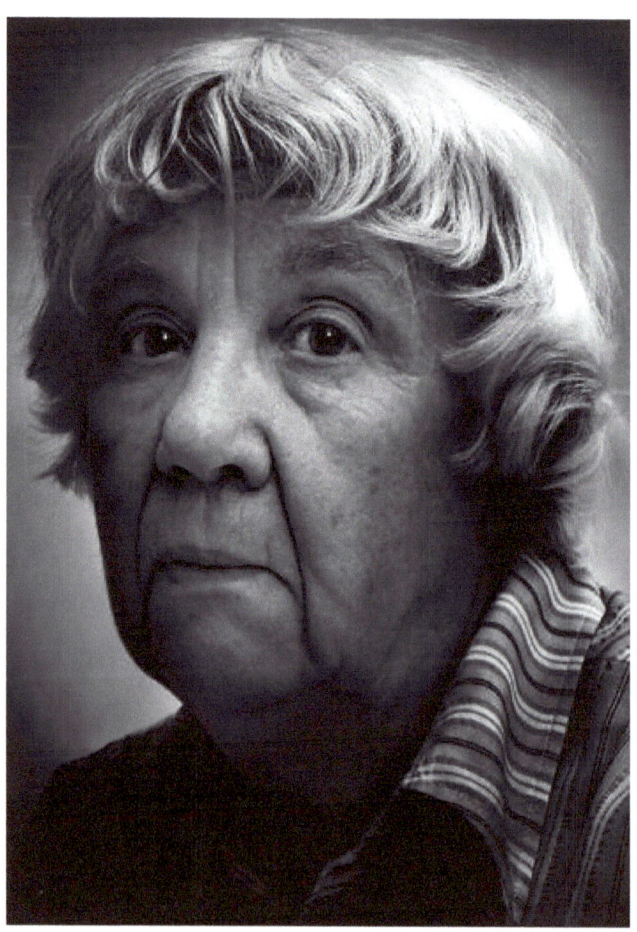

Fig.10 Large éclairage

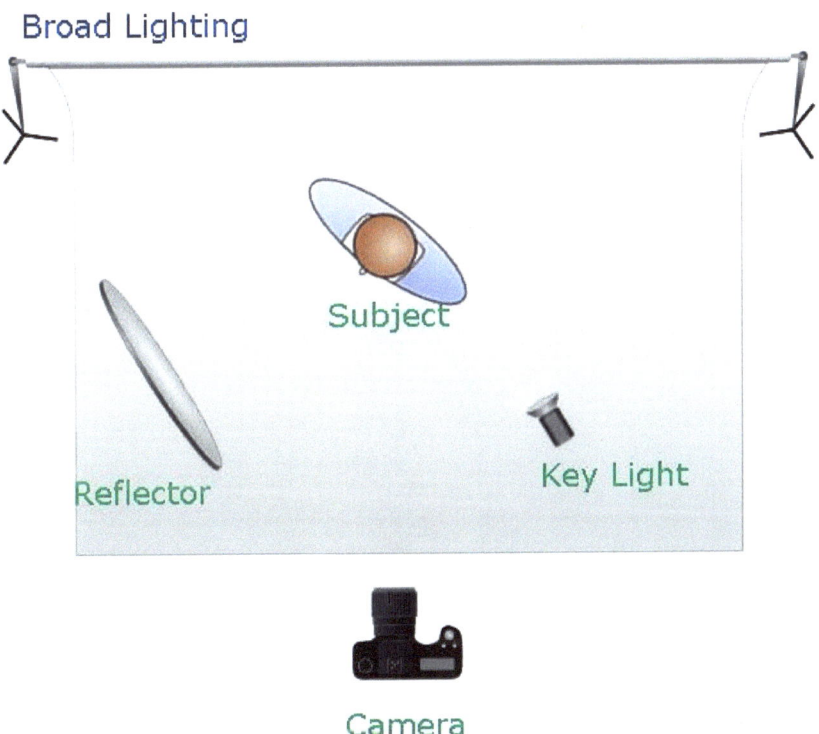

Fig.11 Configuration d'éclairage large

Éclairage Court

Éclairage court est couramment utilisé pour faire une personne en surpoids semblent avoir un visage plus mince. Éclairage court est considéré comme plus d'un style à un modèle. Il est créé en ayant la principale lumière qui brille sur le côté de la face de la caméra.

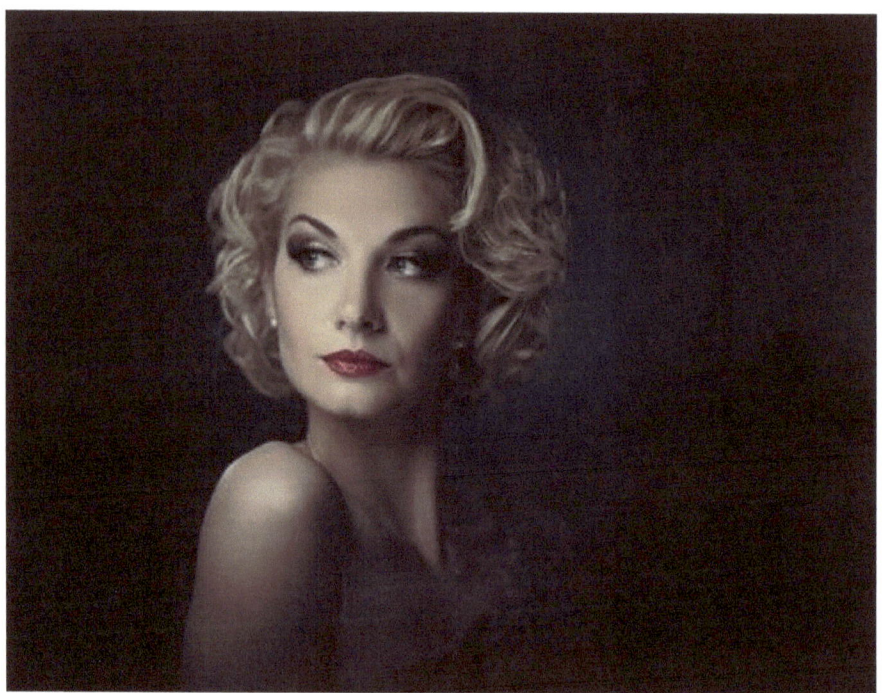

Fig.12 Court éclairage

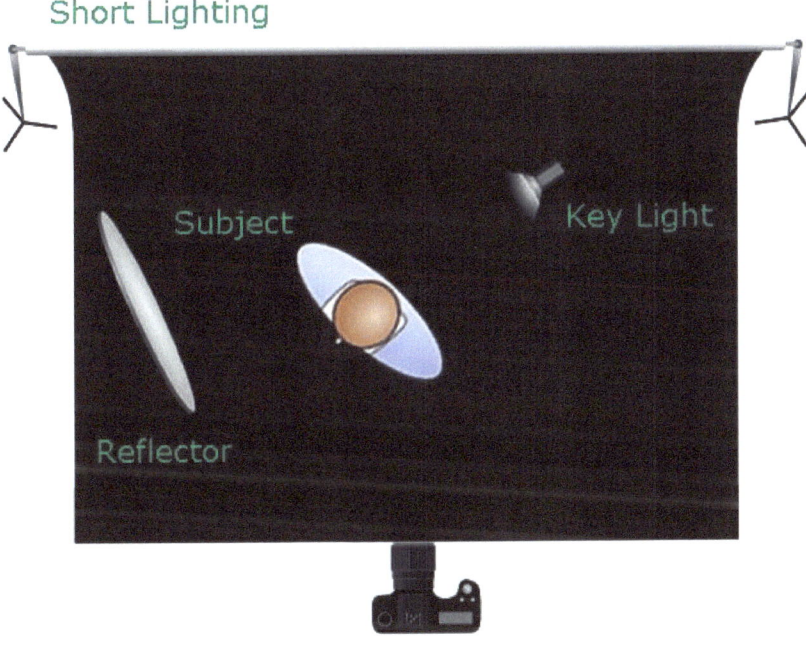

Short Lighting

Subject

Key Light

Reflector

Camera

Fig.13 Configuration d'éclairage court

Papillon éclairage

Le motif de l'éclairage traditionnel pour les portraits féminins est l'éclairage de papillon ou l'éclairage de glamour. Il est devenu la norme pour les modèles d'Hollywood dans les années 1930.

Éclairage de papillon produit une ombre en forme de papillon sous le nez du sujet, qui met l'accent sur les pommettes hautes, en particulier sur un modèle maigre.

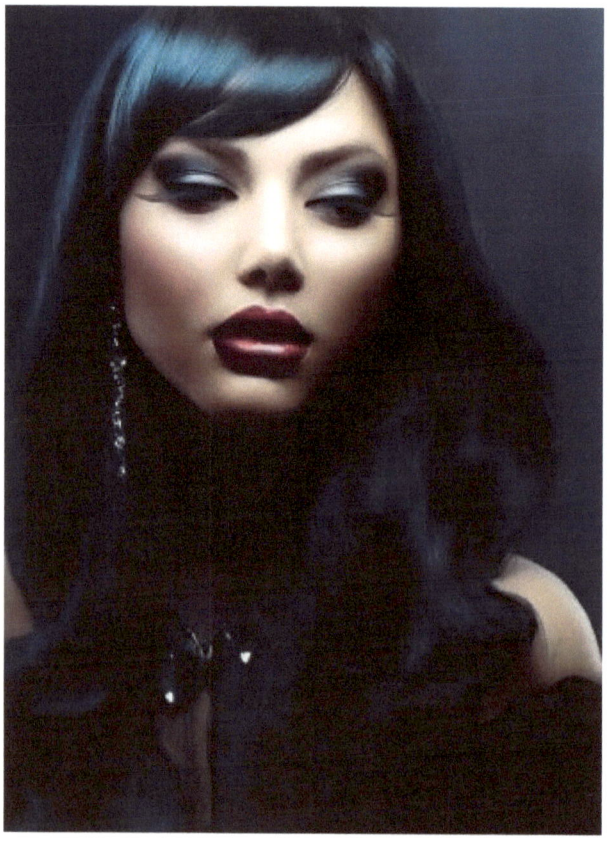

Fig.14 Papillon éclairage

Ce type d'éclairage ne est pas utilisé tant pour les portraits masculins parce qu'elle produit creusé les joues et les orbites .Il est produite en plaçant la source de lumière dessus de la face (généralement de 25 à 70 degrés) et en ligne avec la direction dans laquelle la face est de pointage. L'appareil doit être placé directement sous la lumière clé est pratique.

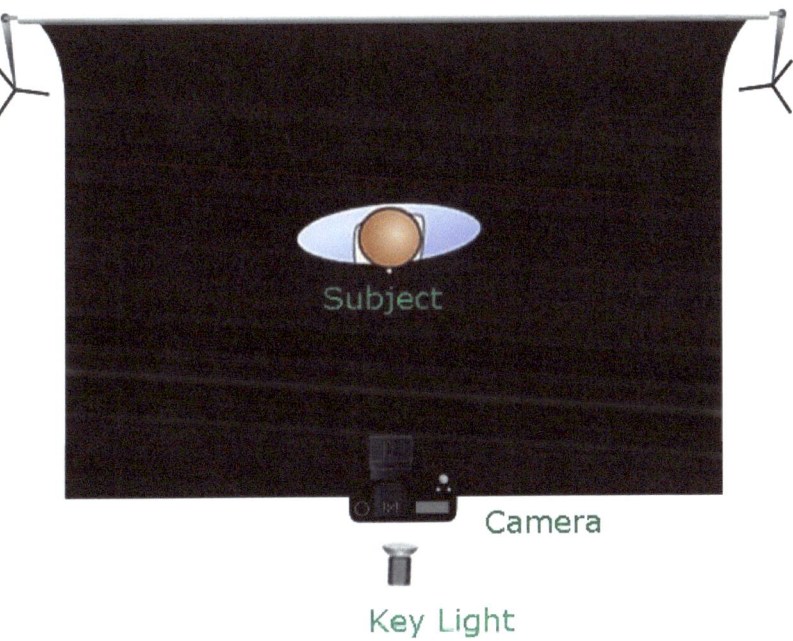

Fig.15 Configuration d'éclairage Papillon

Effets Lumineux

Amplification des valeurs claires

Dans cette configuration, il est utile que les murs et la transparente toile de fond sont blancs. Lumière stroboscopique1 et 2 sont à demi-puissance et positionnées juste derrière et de chaque côté de l'objet, l'éclairage de la toile de fond. Lumière stroboscopique 3 est à un quart de la puissance et positionné juste derrière la caméra et environ un pied au plafond, tourné vers le mur du fond. L'ajout d'un réflecteur en face du modèle aide à l'effet high key.

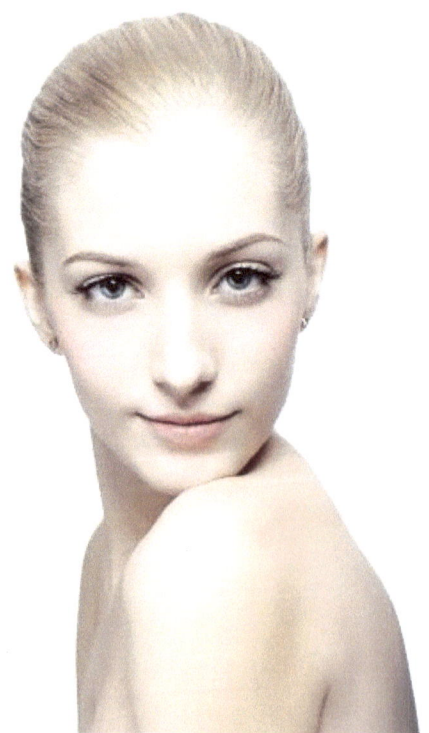

Fig.16 Amplification des valeurs claires

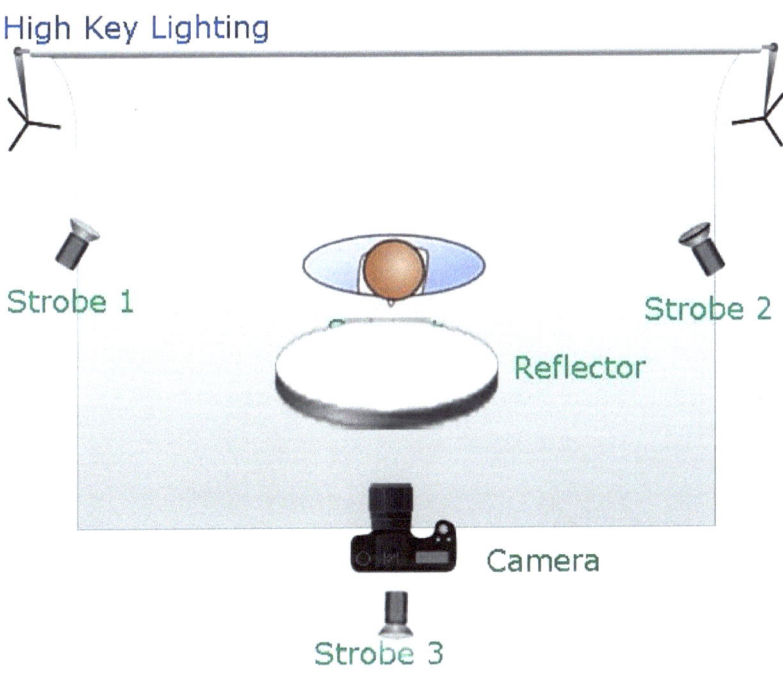

High Key Lighting

Strobe 1

Strobe 2

Reflector

Camera

Strobe 3

Fig.17 Configuration d'éclairage amplification des valeurs claires

Éclairage Discret

Dans ce installation, le sujet est positionné loin de la toile de fond noir et une boîte à lumière moyenne, avec une grille, est positionné sur un côté.

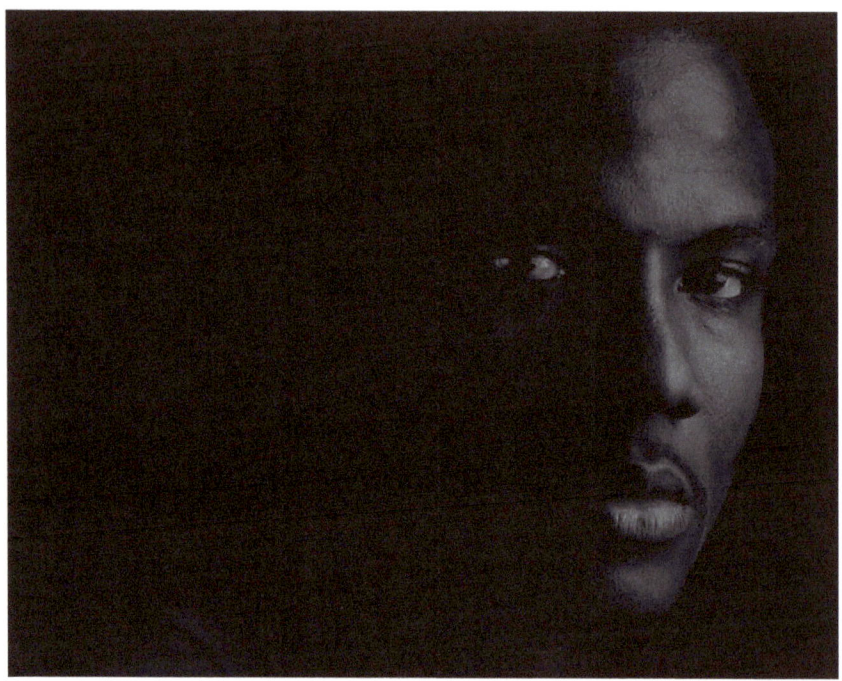

Fig.18 Éclairage Discret

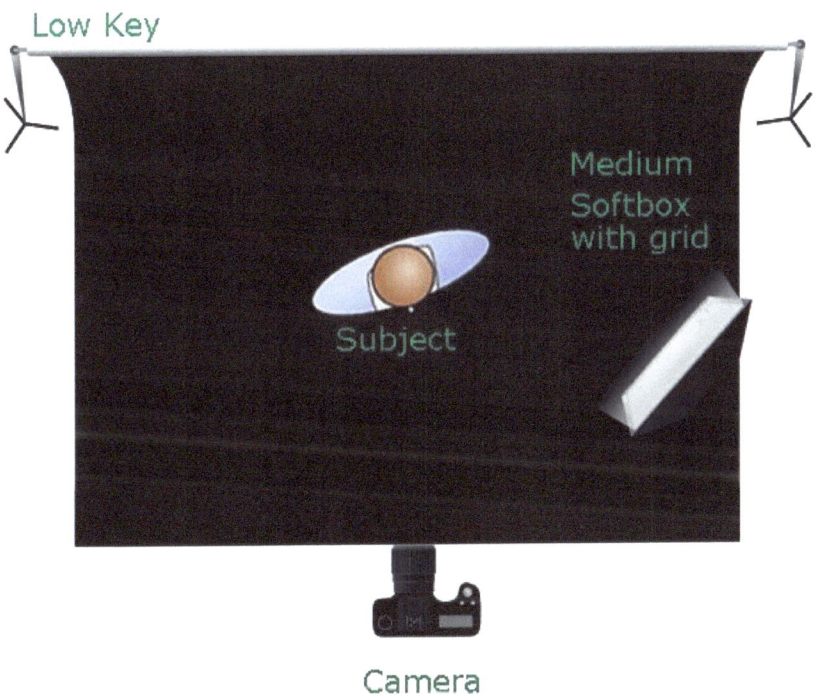

Fig.19 Configuration d'éclairage discret

Silhouette

Création silhouettes dans le studio est relativement facile. Illuminez votre arrière-plan. Placez votre sujet loin de l'arrière-plan avec une lumière derrière eux immédiatement. Votre appareil photo devrait être en ligne avec la source de lumière et votre sujet. Ce sujet particulier face à angle droit à la caméra pour obtenir l'effet de la lumière passant à travers la bouteille d'eau.

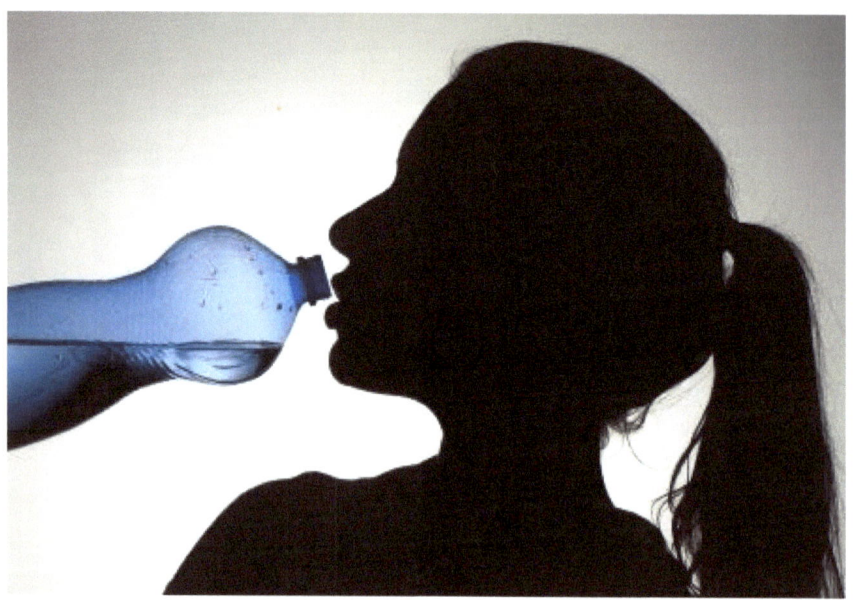

Fig.20 Silhouette

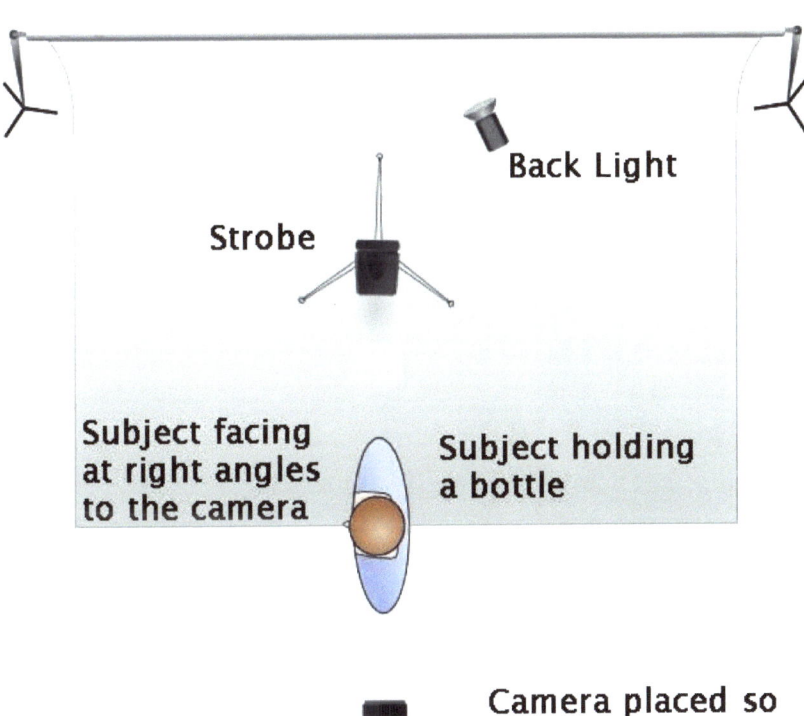

Back Light

Strobe

Subject facing at right angles to the camera

Subject holding a bottle

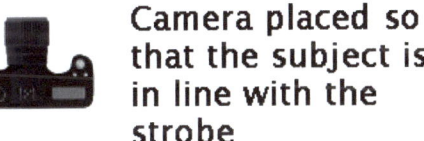

Camera placed so that the subject is in line with the strobe

Fig.21 Configuration d'éclairage silhouette

Fusée d'éclairage de soleil

Photographes évitent habituellement fusées de soleil comme la peste, mais parfois il peut être mis à bon escient, ce qui rend une photo ordinaire regardé un peu spécial. L'exposition peut être difficile à réaliser, mais aussi longtemps que vous ne obtenez pas excessives avertissements caméra de surbrillance sur le visage du sujet, il convient de produire une image acceptable.

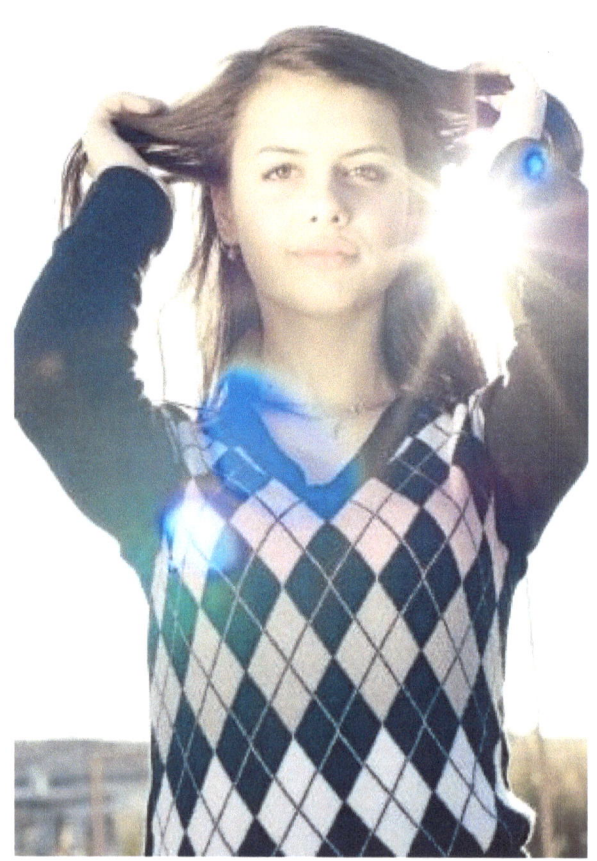

Fig.22 Fusée d'éclairage de soleil

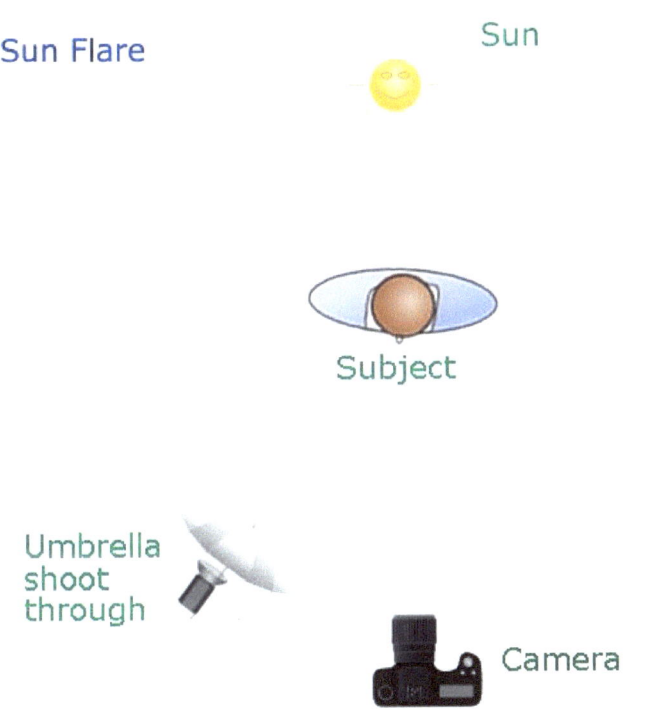

Sun Flare

Sun

Subject

Umbrella
shoot
through

Camera

Fig.23 Configuration d'éclairage Fusée de soleil

Autres configurations

Portraits Bébés

Images de bébés isolés sur un fond blanc peuvent être très agréable à l'œil. Entrepris correctement, le bébé contre un fond blanc peut produire une image magnifique.

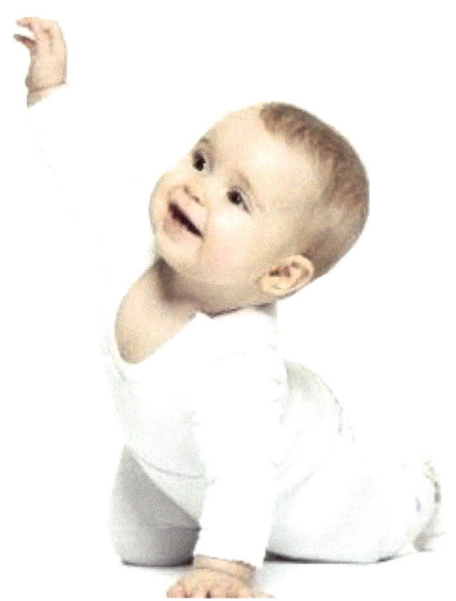

Fig.24 Portraits bébé

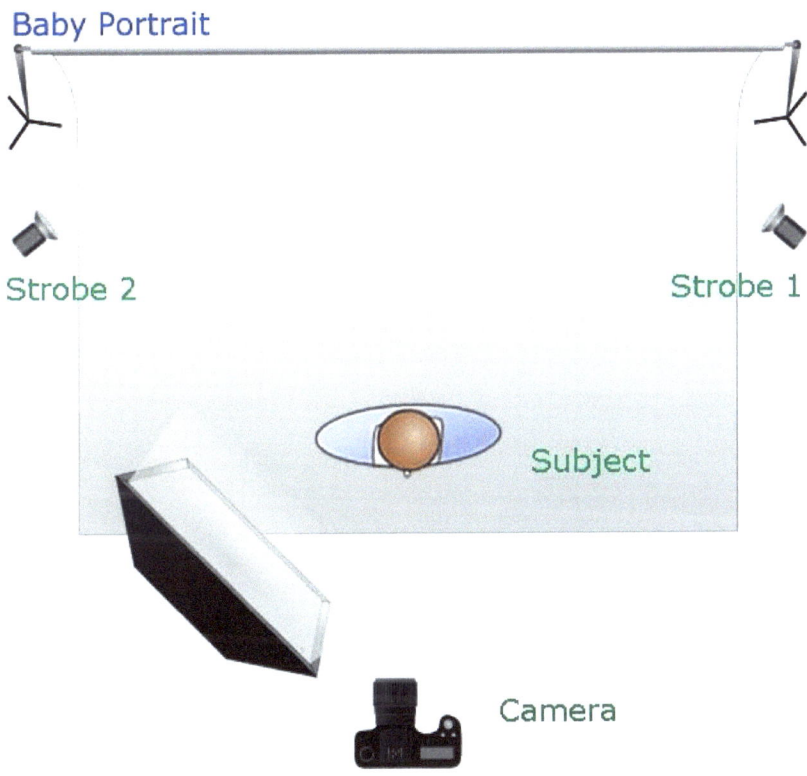

Baby Portrait

Strobe 2

Strobe 1

Subject

Camera

Fig.25 Configuration d'éclairage portrait bébé

Portraits animaux de compagnie

Placez animaux de couleur foncée sur fond blanc, et vice versa, pour le plus grand effet. Éclairage subtil à des niveaux de puissance plus faibles sur sombre animaux de couleur sur un fond sombre peut produire de puissantes images de mauvaise humeur.

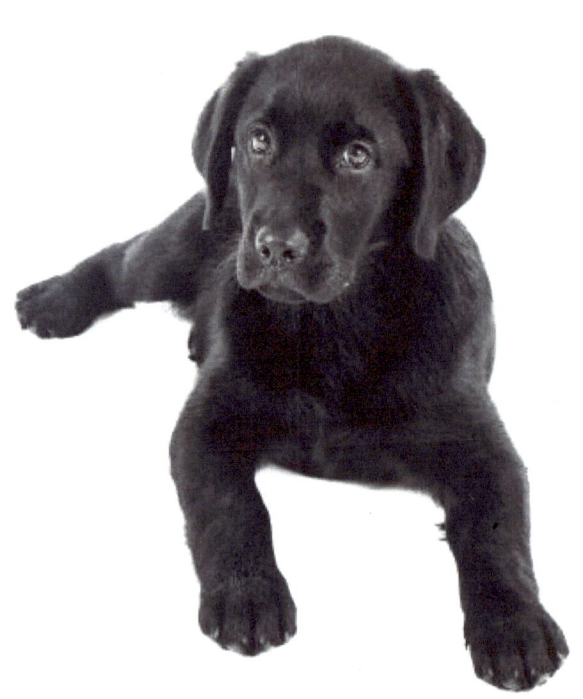

Fig.26 Portraits animaux de compagnie

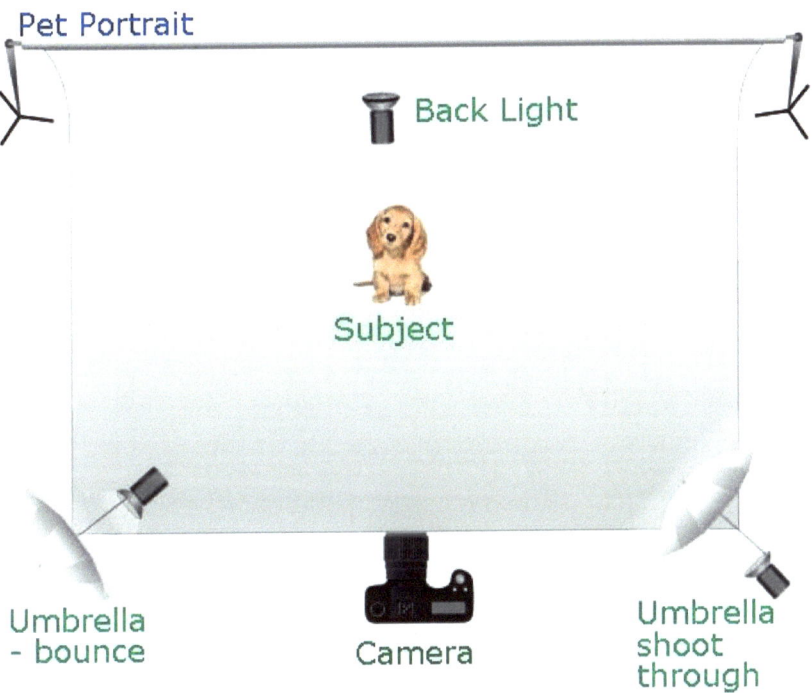

Fig.27 Configuration d'éclairage portrait animaux de compagnie

Objets de table

Objets de table, tels que pour la photographie commerciale, sont généralement photographiés sur une table dans un mini studio de boîte composée de côtés translucides, de sorte que le photographe peut éclairer l'objet à travers eux.

Effets visuels différents peuvent être obtenus en utilisant une surface miroir de se asseoir sur l'objet.

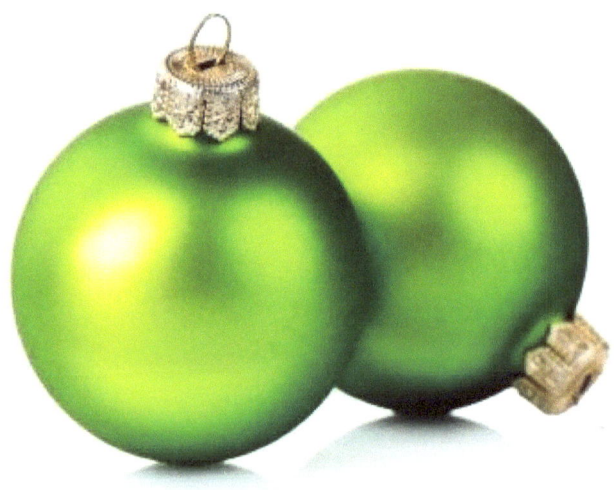

Fig.28 Objets de table

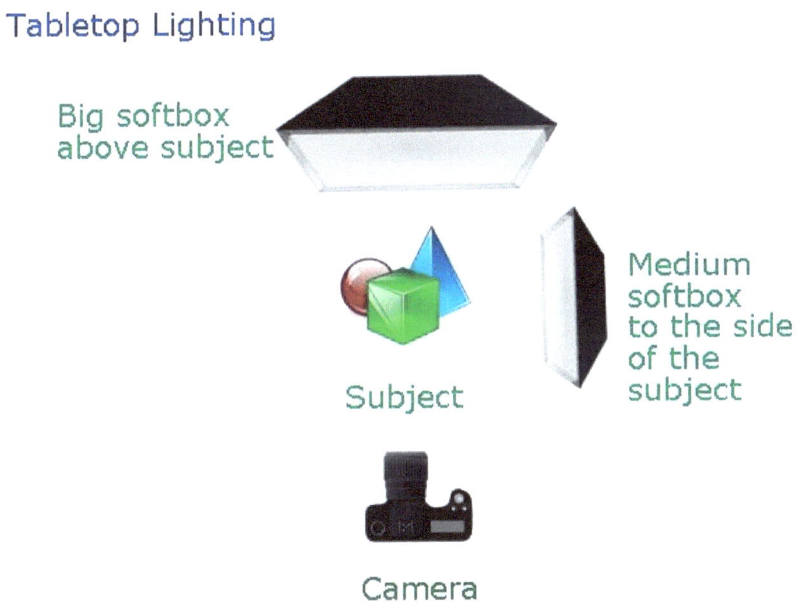

Tabletop Lighting

Big softbox
above subject

Medium
softbox
to the side
of the
subject

Subject

Camera

Fig.29 Configuration d'éclairage objets de table

(Voir au verso pour une note de l'auteur)

Note de l'auteur

Merci d'avoir pris le temps de lire mon livre électronique. Si vous avez aimé, se il vous plaît mettre un avis sur Amazon que chaque petit geste compte !

Se il vous plaît noter que ce livre électronique est un guide pour les photographes débutants dans la photographie de studio. Les diagrammes ne sont pas censés représenter distance du sujet ou de l'intensité du flash. Certains l'expérimentation est nécessaire pour obtenir les meilleurs résultats.

Toutefois, si vous ne savez pas aimez ou si vous pensez qu'il pourrait être amélioré en aucune manière, se il vous plaît faites le moi savoir et je ferai de mon mieux pour l'améliorer. Comme je l'ai dit au début de ce livre électronique, un lecteur m'a suggéré de rendre les images plus grandes et le texte sous chaque image plus grande pour le rendre plus lisible. Merci, je l'ai fait dans cette édition.

(Voir au verso pour les titres d'autres livres de cet auteur)

Découvrez les autres titres

Par Brian Parkin à Amazon.com

Héritage Mortel est un thriller de assassiner et le premier roman de la série Dave Pritchard. Mon roman est d'environ un ex- soldat qui hérite d'une grosse somme d'argent à quelqu'un, il se lia d'amitié en Afghanistan, sur la compréhension qu'il trouve des proches disparus de son ami. Se il ne parvient pas à les trouver, il hérite du lot. Les héritiers manquants commencent à mourir comme des mouches, laissant l'ex-soldat comme le seul héritier et en regardant comme se il était le coupable. Il est déterminé à effacer son nom en enquêtant sur la mort lui-même.

Le prochain de la série Dave Pritchard est Le Lien Cheng Sung. Ce est un thriller impliquant monde antique, les enlèvements et les assassiner. Le méchant principal semble être Dave Pritchard, chef de la bande. Le héros de l'histoire est Ian Beaufort qui découvre l'implication de Pritchard et tente de contrecarrer ses plans à chaque tour, jusqu'à ce Pritchard kidnappe le père de Beaufort pour le faire taire. Inspecteur Joe Binks de caractéristiques de succession mortelles dans ce thriller.

Manifeste pour une Serial Killer le premier dans la série Jessica Harper. Renseignez-vous sur une socialité indépendant de fortune et ennuyé qui aspire excitation. Elle décide de devenir le meilleur tueur en série en Australie, même le monde. Réalisant que si elle ne veut pas se faire prendre, les décès doivent être complètement aléatoire, cet est à dire pas de modèles qui profileurs peuvent la retrouver avec. Elle développe une application pour son PC et téléphone mobile que des facteurs dans des choses comme , l'emplacement , le type de victime, moment de la journée ou de la nuit , la fréquence des décès ou de temps entre les décès , arme de mort ou la cause de la mort , quel type de personne est le tueur , etc. elle accède l'application et il crache tous les détails pertinents pour assassiner son prochain , qui elle fait des recherches et puis l'exécute . L'emplacement couvre l'ensemble de l'Australie et elle est déterminée à se rendre à trois chiffres avant qu'elle ne se retire comme un tueur en série.

Le prochain de la série seront appelés " Les Services d'urgence. " Quel service Se il vous plaît ? " Jessica Harper passe de tuer des civils et se concentre sur le meurtre de membres des services d'urgence. Elle utilise l'application à mettre en place un accident ou d'incident pour les services d'urgence pour répondre à et tue l'un d'eux. Même la police ne sont pas sûrs alors attention inspecteur Rob Franklin vous pourriez être le prochain ! Je m'attends à terminer ce roman autour de Juin 2015.

Le Lac à Lake Forest est un livre de photos mettant en vedette la faune à Lake Forest, Queensland. Brian est une photographie professionnelle intéressée par la faune et la photographie pour animaux de compagnie.

Autres Livres envisages

"Poulet ou de poisson ?monsieur ? " Est le premier d'une série de cinq romans que je suis aussi en train d'écrire. Il se agit d'un traiteur, Ivy Benson et son amie, Geordie Fortune qui est un conseiller en sécurité alimentaire aidant à découvrir qui empoisonne ses clients .

Connectez-vous avec l' Auteur

Email: mailto:brianparkin@iprimus.com.au

Twitter: @brianparkin

Blog: http://hawaygeordie.wordpress.com/

www.ingramcontent.com/pod-product-compliance
Lightning Source LLC
Chambersburg PA
CBHW041150180526
45159CB00002BB/769